Yf 9252

L'ORIFLAMME,

OPÉRA EN UN ACTE.

IMPRIMERIE DE LE NORMANT,
RUE DE SEINE, N°. 8, F. S. G.

L'ORIFLAMME,

OPÉRA EN UN ACTE,

REPRÉSENTÉ POUR LA PREMIÈRE FOIS,

SUR LE THÉATRE DE L'ACADÉMIE IMPÉRIALE
DE MUSIQUE,

LE 1ᵉʳ FÉVRIER 1814.

A PARIS,

Chez ROULLET, Libraire de l'Académie impériale
de Musique, rue des Poitevins, n°. 7.

1814.

Les Paroles sont de MM. Etienne et Baour-Lormian.

La Musique est de MM. Méhul, Paer, Breton et Kreutzer.

Les Ballets sont de la composition de M. Gardel.

ORIFLAMME,

ou

ÉTENDARD DES FRANÇAIS

L'ORIFLAMME étoit une espèce de gonfanon ou de bannière, comme en avoient toutes les églises. Elle étoit faite d'un tissu de soie couleur de feu qu'on nommait *Cendal* ou *Saint-Vermeil*, long de douze pieds environ, parsemée d'abeilles d'or, pointue et fendue par le bas, partagée en trois queues ou gonfanons terminés par des houppes de soie verte, dont elle étoit également entourée. On l'attachoit au bout d'une lance, ou d'un fût de bâton doré que Raoul de Presle nomme le glaive de l'oriflamme.

Les premiers rois de France alloient prendre l'oriflamme en grande cérémonie quand ils se préparoient à quelque expédition : ils la recevoient des mains de l'abbé de Saint-Denis. Après la victoire, elle étoit rapportée dans l'église, et remise sur l'autel.

C'étoit un chevalier qui étoit chargé de porter l'oriflamme pendant la bataille. Cet honneur appartint long-temps au comte de Vexin, en qualité de premier vassal de Saint-Denis ; mais ce comté ayant été réuni à la couronne, le roi confioit l'oriflamme à qui bon lui sembloit, comme dit Jean Juvénal des Ursins, dans la vie de Charles VI, *à un chevalier loyal prudhomme et vaillant.*

Guillaume *Martel, seigneur de Bacqueville*, est le dernier chevalier connu qui ait été chargé de porter cette bannière en 1414, dans la guerre contre les Anglais; mais il fut tué l'année suivante à la bataille d'Azincourt, et c'est la dernière fois que l'oriflamme ait paru dans nos armées, suivant Dutillet, Sponde, dom Felibien et le père Simplicien. Cependant, suivant une Chronique manuscrite, Louis XI prit encore l'oriflamme en 1465, lors de la bataille de Montlhéry; mais les historiens du temps n'en disent rien.

Mézeray, qui n'est pas toujours d'accord avec eux, prétend que l'oriflamme étoit gardée par les communes, et qu'on cessa de la porter après la bataille de Rosebeck en 1382, où elle disparut.

On peut concilier ces différentes opinions : il est vraisemblable qu'il y avoit deux oriflammes. L'une restoit en dépôt à Saint-Denis ; lorsqu'il se préparoit quelque guerre, ou expédition importante, on en faisoit une autre toute semblable que l'on consacroit et levoit de l'autel avec de grandes cérémonies. On la rapportoit dans l'église, si on l'avoit conservée exempte d'accidens pendant la guerre ; dans le cas contraire, on en faisoit encore une pareille pour l'employer dans quelque autre occasion.

Les étymologistes dérivent le mot oriflamme du celtique et du tudesque *flan fan* ou *van* qui signifie un étendard d'où l'on a fait *flanon* ou *fanon* qui veut dire la même chose en français. La première syllabe *ori* vient du latin *aurum or*, parce qu'en effet cet étendard, ainsi que la lance auquel on le suspendoit étoit enrichi d'or.

On le trouve représenté dans quelques manuscrits des onzième et douzième siècles.

La scène de l'*acte lyrique* intitulé l'*Oriflamme* se passe sous Charles-Martel.

Il étoit fils de Pépin d'Heristal, autrement appelé Pépin-le-Gros, et père de Pépin-le-Bref, qui fonda la seconde dynastie des rois de France. C'est un des plus grands héros dont les Français puissent s'honorer. Charles-Martel n'avoit pas plus de vingt ans lorsque son père mourut (714); la légitimité de sa naissance pouvoit être contestée, puisqu'il n'étoit pas né de Plectrude, femme de Pépin-le-Gros, mais d'une concubine de ce prince nommée Alpaïde. Plectrude avoit été répudiée par Pépin-le-Gros, qui la reprit dans sa vieillesse; on conçoit aisément la haine que lui inspiroit un fils né de son époux pendant sa disgrâce. Au moment où elle devint veuve, elle s'empara du gouvernement, dans l'espoir de conserver l'autorité à ses petits-fils, se saisit de Charles-Martel, et le retint prisonnier à Cologne, où elle faisoit sa résidence. Dans les mœurs de cette époque c'étoit, pour une femme, une entreprise bien hardie que celle d'exercer le pouvoir de maire du palais. Les Neustriens méprisèrent les premiers l'autorité de Plectrude en élevant Chilpéric II sur le trône, et Charles-Martel s'étant échappé de sa prison fut reçu comme un libérateur par les Austrasiens, qui l'aidèrent à assiéger dans Cologne la veuve de son père, trop heureuse de se tirer d'embarras en abandonnant à son ennemi les trésors de Pépin et ses trois petits-fils (715). Ainsi Charles, traité d'abord comme un enfant illégitime, parvint, sans autre droit que son courage, à être reconnu pour l'unique héritier des biens, des titres et des projets de sa famille : tels furent les exploits de sa jeunesse. Pour arrêter les partis qu'il craignoit de voir s'élever contre son autorité naissante, il prit un enfant du sang royal nommé Clotaire IV, et lui donna le titre de roi d'Austrasie, afin de régner plus commodément sous son nom ; mais des seigneurs du royaume de Neustrie et de Bourgogne qui avoient formé le dessein de rappeler les héritiers de Clovis à leur ancienne dignité, déclarèrent la guerre à Charles-Martel qui les battit complétement près de Soissons, en 719. Les Saxons, les Frisons, les

Bavarois, tributaires des rois de France, trouvoient, dans la confusion des intérêts, beaucoup de facilités pour secouer le joug, et des ressources pour se faire craindre, même après avoir été vaincus. Attaqué dès la première année de sa puissance (716) par Radbod, duc des Frisons, ligué avec Chilpéric, roi de Neustrie, Charles avoit été battu près de Cologne, et obligé de se réfugier avec une troupe de cinq cents hommes dans les Ardennes. Vers le même temps les Saxons avoient fait en France une irruption dont Charles tira, trois ans après, une éclatante vengeance, en portant le fer et le feu jusque dans leur pays. Il se vengea plus tard de l'audace des Frisons, et ce ne fut qu'en 733 qu'il porta la guerre dans leur pays par terre et par mer; il les défit alors dans plusieurs combats, et tua de sa propre main Poppon, leur duc. L'autorité royale étoit le point auquel la force des événemens et le balancement des partis ramenoient toujours : aussi Charles-Martel, après la mort de Chilpéric II, se vit-il réduit à proclamer Thierri II, jeune enfant qui prit le nom de roi, et ne reçut pas même les honneurs de forme qui appartiennent à ce rang. Les agressions des différens peuples de l'Allemagne obligèrent Charles à passer le Rhin, en 725, avec une nombreuse armée. Il parcourut cette contrée, dompta les Bavarois, et revint chargé de butin, emmenant avec lui la reine Bilitrade, avec sa nièce Forischilde qu'il épousa. Trois ans après, ces peuples, supportant impatiemment le joug, il fut obligé de marcher encore une fois pour les soumettre; et il étoit occupé de cette expédition lorsque les Sarrasins, après avoir pris et pillé Bordeaux, s'avancèrent jusque sur la Loire, ayant à leur tête Abdérame, guerrier auquel la victoire avoit toujours été fidèle. Charles-Martel n'hésita pas; il marcha droit aux Sarrasins, qu'il rencontra près de Poitiers, l'an 732, et, après un combat qui dura un jour entier, il remporta une victoire si complète, que les chroniques du temps portent la perte des Sarrasins à trois cent soixante-quinze mille hommes, en ajoutant qu'Abdérame leur chef y perdit la vie, et que ceux qui échappèrent au carnage ne purent rien emporter du butin qu'ils avoient fait depuis leur entrée en France. On a répété mille fois que Charles reçut de cette bataille le surnom de *Martel*, comme s'il se fût servi d'un marteau pour écraser les Barbares; c'est un de ces contes populaires que les historiens adoptent sans examen, parce qu'il a l'air d'une explication. Martel et Martin sont un même nom, et l'on sait le respect que les Francs avoient pour saint Martin. Martel étoit d'ailleurs un nom particulier dans la famille des Pépin; puisque les deux premiers ducs auxquels les Austrasiens confièrent le soin de les gouverner, lorsqu'ils essayèrent de se séparer du royaume, étoient parens, et que l'un se nommoit Pépin, l'autre Martel. Cette mémorable victoire, à laquelle l'Europe entière dut son salut, ne détruisit pas toute la puissance des Sarrasins en France; en 737, Charles fut encore obligé d'envoyer contre eux son frère Childebrand, et bientôt il fut lui-même obligé de marcher contre un de leurs rois nommé Mauronte, qui avoit établi en Provence le siége d'un nouvel empire. Après avoir pris d'assaut Avignon, et l'avoir réduit en cendres, il livra encore une fois une sanglante bataille aux Infidèles sur les bords de la Berre, en Languedoc, et mit en fuite Amor, un de leurs chefs, accouru d'Espagne avec de nombreux renforts. Mais Mauronte occupoit encore Marseille, et ce ne fut que l'année suivante (739) que Charles s'empara de cette ville, d'où Mauronte s'enfuit pour ne plus reparoître.

ACTEURS ET ACTRICES
CHANTANTS DANS LES CHŒURS.

CHŒUR.

DESSUS.

Mmes Gambais, Mmes Florigny, Mmes Persilier,
Hymm, Mantes, Reine,
Mullot aînée, Chevrier, Dubois,
Mullot cad^e, Vallain, Fasquel,
Royer, Beaumont, Maze,
Lefevre, Mazières, Falcos,
Bertrand, Lorenziti, Menard,
Cantagrel, Lacombe, Gasser.

BASSES.

Mrs Lhoste, Mrs Aubé, Mrs Nisy,
Lecoq, Gontier, Houeber,
Devilliers, Ferdinand, A. Chapelot,
Leroi, Picard, Prévost,
Putheaux,   Levasseur.

TAILLES.

Mrs Martin, Mrs Beaugrand, Mrs Leger,
Duchamp, Margon, César,
Nocart, Menard, Legros.

HAUTES-CONTRES.

M⁽ʳˢ⁾ Chollet,   M⁽ʳˢ⁾ Fasquel,   M⁽ʳˢ⁾ Dumas,
Leroy,   Gousse,   Courtin,
Gaubert,   Lemaire,   Queillé.

PERSONNAGES DANSANTS.

NOBLES.

Mr Albert,   Mlle Clotilde.
Mrs Anatole, Elie.
Mrs Seuriot cad., Godefroy, Romain, L'Enfant, Petit, Maze, Guillet, Pupet.

VILLAGEOIS.

Mrs Antonin, Mmes Gardel et Courtin,
Vestris, Mlles Bigottini et Gosselin aînée,
Beaupré, Mlle Delile.

Mrs Auguste,   Toussaint cad., Eve,   Gogot,
Verneuil,   Galais,   Beautinet, Seuriot aîn.,
Faucher,   Péqueux,   Josse,   Bertrand,
Elie cadet,   Fauqueu,   Télémaque, Chatillon,
Mlles Pivert,   Mangin,   Molard,   Lemière,
Seuriot,   Vaugler,   Brocard a., Louise.

JEUNES FILLES EN BLANC, et portant des fleurs.

Mlles Masrelié cadette, Aimée, Marinette.

Mlles Guillot,   Césarine,   Virginie,   Naderkor,
Fliger,   Bertin,   Delphine,   Pierret aînée.
Eulalie,   Lequine,   Podevin,   Baudesson.
Dupuis,   Narcisse,   Blanche,   Pansard.

ENFANS VILLAGEOIS.

M^rs
Mlles

PERSONNAGES.	ACTEURS.
LE CHEF DES VIEILLARDS.	MM. Lays.
Un VILLAGEOIS, récitant.	Dérivis.
NAZIR, jeune Villageois, amant d'Amasie.	Nourrit.
Un CHEVALIER, portant l'Oriflamme de Charles-Martel.	Lavigne.
AMASIE.	Mme Branchu.

CORYPHÉES.

Mrs Albert Bonnet,
Henrard,
Alexandre,
Bonnel,
Duparc,
Levasseur,
Eloy,
Laforest,
Bertin.

Mmes Albert-Hymm,
Granier,
Paulin,
Jannard,
Cazot,
Emilie.

La Scène se passe dans les environs de Poitiers.

L'ORIFLAMME.

(Le Théâtre représente une plaine riante : dans le fond, une montagne, au-dessus de laquelle on aperçoit une chapelle gothique ; à droite, un tombeau entouré de saules pleureurs.)

SCÈNE PREMIÈRE.

LE CHEF DES VIEILLARDS ET LES PRINCIPAUX HABITANS. (*Les femmes portent des fleurs qu'elles répandent sur le tombeau à la fin de la scène.*)

LE CHEF DES VIEILLARDS.

Récitatif.

Avant que tout s'apprête
Pour célébrer la fête

Où deux jeunes amans
Vont aux pieds des autels prononcer leurs sermens;
Sur cette tombe solitaire
Remplissons un devoir pieux;
Et que l'hymne de la prière
Monte et s'élève jusqu'aux cieux.
Là, repose l'auteur de notre délivrance;
Amis, dans ce beau jour,
Que les chants de reconnoissance
Précèdent les chants d'amour.
Depuis l'instant où ce guerrier terrible
Rendit la paix à nos champs désolés,
Trente printemps sont écoulés.
Chaque matin, sur le marbre insensible,
Je viens déposer ma douleur.

LE CHOEUR.

Ah! de ce héros invincible,
Redites-nous la gloire et la valeur.

SCÈNE Iʳᵉ.

LE CHEF DES VIEILLARDS.

Air.

Issu d'un noble chevalier,
Raoul en ces lieux prit naissance;
A peine il sortoit de l'enfance,
Qu'il soulevoit le bouclier,
Et portoit le glaive et la lance.
Pour voler aux champs de l'honneur,
Il quitte une mère chérie,
S'écriant : Je serai vainqueur,
Ou je mourrai pour ma patrie.

Mais tandis qu'au pays lointain
Raoul signale son courage,
Ivre de fureur et de rage
Dans nos champs l'affreux Sarrazin
Sème la mort et le ravage;
Raoul arrive triomphant,

Sa voix terrible nous rallie ;
Chacun le suit en s'écriant :
Il faut mourir pour la patrie.

Il s'abandonne à sa fureur ;
Dans ses mains le glaive étincelle ;
Il repousse au loin l'infidèle ;
Mais un fer le frappe. O douleur !
Le héros s'arrête et chancelle.
Couvert des ombres du trépas,
Il dit d'une voix attendrie :
Sur mon destin ne pleurez pas ;
Amis, je meurs pour ma patrie.

LE CHOEUR.

Noble héros ! reçois les vœux
Que t'adresse un peuple fidèle ;
Et puissent nos derniers neveux
Te prendre toujours pour modèle !
Nous venons répandre des fleurs

SCÈNE Ire.

Sur ton auguste mausolée ;
Par cet hommage de nos cœurs
Que ton ombre soit consolée.

LE CHEF DES VIEILLARDS.

Mais j'entends des chants amoureux,
Et je vois s'approcher la danse :
Au bruit des instrumens joyeux,
C'est l'heureux couple qui s'avance.

L'ORIFLAMME,

SCÈNE II.

LES MÊMES, NAZIR, AMASIE.

(*On voit descendre de la montagne les deux époux entourés de toutes les jeunes filles et de tous les jeunes villageois. Ils arrivent en dansant au son des instrumens rustiques.*)

CHOEUR *accompagné de danses.*

A l'hymen, en ce jour
Apportons nos offrandes;
Et tressons des guirlandes
Pour l'autel de l'amour.
Jeune et belle Amasie,
Bientôt les plus doux nœuds
Vont embellir ta vie;
Reçois, reçois nos vœux.

SCÈNE II.

LES JEUNES VILLAGEOIS.

Que son époux lui donne
Le bouquet nuptial.

LES JEUNES FILLES.

Nous, posons la couronne
Sur son front virginal.

AMASIE.

Air.

Malgré le serment qui me lie,
Compagnes de mes premiers jours,
Ah ! promettez-moi que toujours
Vous aimerez votre Amasie.
Mon père, en m'éloignant de vous,
Il m'attache encor davantage.
Oui, mon destin devient plus doux,

Puisque mon amour se partage
Entre mon père et mon époux.

(*Le Chef des Vieillards, Nazir et Amasie se placent sur des siéges de verdure. Leurs parens se groupent autour d'eux, et les jeux commencent.*)

Après les ballets, LE CHEF DES VIEILLARDS.

Mais l'heure nous appelle.
Pour l'antique chapelle,
Amis, il faut partir.

Trio.

AMASIE et NAZIR.

Daignez, daignez, mon père,
Ecouter ma prière
Avant de nous unir.
Pour que le ciel nous soit propice,
Nous l'implorons à vos genoux ;
Ah ! que votre main nous bénisse,
Et le bonheur va descendre sur nous.

SCÈNE II.

LE CHEF DES VIEILLARDS.

Mes enfans, puisse l'hyménée
Embellir votre destinée !
Dans ce beau jour la vertu vous unit,
Et par ma voix, c'est Dieu qui vous bénit.

Ensemble.

LE CHEF DES VIEILLARDS.

Mes enfans, etc.

AMASIE et NAZIR.

Mon père, puisse l'hyménée
Embellir notre destinée !
Dans ce beau jour la vertu nous unit ;
Par votre voix, c'est Dieu qui nous bénit.

SCÈNE III.

LES MÊMES, UN PAYSAN *en désordre, suivi de tout un village qui a pris la fuite après avoir été pillé; ils sont tous dans l'attitude du désespoir.*

LE CHEF DU VILLAGE.

Suspendez les jeux et la fête,
L'ennemi s'avance à grands pas.

TOUS LES CHOEURS.

Que dites-vous ?

LE CHEF DU VILLAGE.

Rien ne l'arrête,
Il vous apporte le trépas.

(*A ces mots les jeunes filles laissent tomber leurs guirlandes.*)

SCÈNE III.

Air.

J'ai vu des cohortes sanglantes
Se répandre dans les hameaux,
Poursuivre nos femmes tremblantes,
Verser sur nous tous les fléaux;
J'ai vu la flamme meurtrière
Dévorer nos riches moissons;
J'ai vu s'embraser ma chaumière,
Et le sang rougir nos sillons.
Un fils, ma plus chère espérance,
Sous mes yeux est percé de coups.
Je ne vis que pour la vengeance :
Elle m'amène devant vous.

CHOEUR GÉNÉRAL.

Vengeance, vengeance, vengeance.

AMASIE *à Nazir.*

uspendons notre hymen,

Va te couvrir de gloire,
Nazir ! n'espère plus ma main
Que le jour de la victoire.

NAZIR, *avec feu.*

Non ! je ne recevrai ta main
Que le jour de la victoire.

CHOEUR GÉNÉRAL.

Suivons une juste fureur ;
Que tout s'arme, que tout se lève ;
Prenons le fer, le fer vengeur ;
Que dans nos mains tout soit un glaive.

SCÈNE IV.

(*On entend le bruit des trompettes,* UN CHEVALIER, *portant l'oriflamme de Charles-Martel, paroît sur la montagne, suivi d'un grand nombre de guerriers.*)

LE CHEVALIER.

Le Sarrazin dans la plaine s'avance ;
Ne craignez point son impuissant courroux :
Aux combats marchez avec nous ;
La victoire est promise aux guerriers de la France.

Air.

Pour le punir d'un instant de succès,
N'avons-nous pas un glaive et notre audace ?
Oui, vainement son orgueil nous menace,
La gloire parle, et nous sommes Français.

L'ORIFLAMME,

Charles-Martel a levé l'oriflamme;
Il nous répond des combats et du sort;
Frémis, frémis, orgueilleux Abdérame;
Il est parti : c'est l'arrêt de ta mort.

CHOEUR.

Charles-Martel, etc.

Deuxième couplet.

Ces bataillons contre nous rassemblés
Ont-ils sitôt oublié leurs blessures;
C'est aux combats à laver nos injures,
Quand aux combats ils nous ont rappelés.
Charles-Martel a levé l'oriflamme, etc.

CHOEUR.

Charles-Martel, etc.

Troisième couplet.

Que, poursuivis, vaincus de toutes parts,

SCÈNE IV.

Ils soient couverts d'une honte éternelle.
Non, non, jamais de la ville immortelle
Ils n'oseront insulter les remparts.
Charles-Martel a levé l'oriflamme,
Il nous répond des combats et du sort;
Frémis, frémis, orgueilleux Abdérame;
Il est parti : c'est l'arrêt de ta mort.

CHOEUR.

Charles-Martel, etc.

LE CHEVALIER.

Récitatif.

Vous brûlez de combattre; il vous falloit des armes,
En voici : que chacun, dans ce jour glorieux,
   Dissipe de vaines alarmes.
   L'Univers a sur nous les yeux.

(*On apporte des piques, des lances, des boucliers; les jeunes filles s'en emparent et les présentent aux villageois.*)

CHOEUR DE JEUNES FILLES.

Courez, volez à la victoire ;
Quittez ce paisible séjour,
Et revenez de votre gloire
Demander le prix à l'amour.

LE CHEF DES VIEILLARDS, *s'avançant vers le tombeau.*

Récitatif.

O toi, modèle des guerriers ;
Reçois les vœux de notre âme attendrie ;
A l'heure du péril que ta cendre chérie
Du sein de ce tombeau, qu'ombragent tes lauriers,
S'éveille aux noms sacrés d'honneur et de patrie.

LE CHOEUR.

O toi, modèle des guerriers, etc.

(*Tous les guerriers tirent leurs glaives, et les croisent sur le tombeau.*)

SCÈNE IV.

HYMNE DU DÉPART.

Les jeunes Filles. — AMASIE.

Comme en nos champs on voit l'orage
Gronder et s'enfuir vers les monts,
L'ennemi qu'aveugle sa rage
Fuira devant nos bataillons.
Partez, nobles fils de la gloire,
Ne craignez plus aucun revers;
Que votre dernière victoire
Donne la paix à l'Univers.

LE CHŒUR.

Suivons les drapeaux de la gloire;
Ne craignons plus aucun revers;
Que notre dernière victoire
Donne la paix à l'Univers.

Les Vieillards. — Le Villageois récitant.

Sauvez cette terre chérie ;
Que les exploits de nos enfans
Nous conservent une patrie,
Et consolent nos cheveux blancs.
Suivez les drapeaux de la gloire, etc.

LE CHOEUR.

Suivons les drapeaux, etc.

Les Villageois. — NAZIR.

Ce fer, instrument de la guerre,
Ce fer, qui donne le trépas,
Bientôt fécondera la terre
Que vont délivrer nos combats.
Suivez les drapeaux, etc.

LE CHOEUR.

Suivons les drapeaux, etc.

SCENE IV.

Les Guerriers. — Le Chevalier.

Prêt à repousser les alarmes,
Le glaive frémit dans nos mains,
Et le jour du deuil et des larmes
Se lève pour les Sarrazins.
Aux armes, volons à la gloire,
Ne craignons plus aucun revers ;
Que notre dernière victoire
Donne la paix à l'Univers !

LE CHOEUR.

Aux armes, volons à la gloire, etc.

(*Les guerriers partent suivis des villageois ; quand ils sont sur le haut de la montagne, ils agitent leurs glaives et les drapeaux sous lesquels ils volent aux combats.*

Les vieillards en cheveux blancs à la droite de

la scène lèvent leurs mains au ciel, comme pour les bénir.

Les femmes à la gauche du théâtre portent les enfans dans leurs bras, et semblent inviter les guerriers à défendre leurs familles.)

FIN.

www.ingramcontent.com/pod-product-compliance
Lightning Source LLC
Chambersburg PA
CBHW070713050426
42451CB00008B/623